AF264004

SOCIÉTÉ HISTORIQUE DE COMPIÈGNE

(Séance du 16 Janvier 1873).

MAGUE DE SAINT-AUBIN

NOTICE BIOGRAPHIQUE

PAR ALPHONSE LEVEAUX

Vice-président de la Société.

COMPIÈGNE

IMPRIMERIE F. VALLIEZ, RUE DES PETITES-ÉCURIES, 18

—

1873

MAGUE DE SAINT-AUBIN

Notice biographique,

PAR ALPHONSE LÉVEAUX

I

La Société historique désire donner une large place, dans ses travaux, à la biographie des hommes de talent qui sont nés à Compiègne et dont les œuvres, à des titres différents, ont occupé l'attention publique. Mague de Saint-Aubin, comédien et auteur dramatique de la fin du dix-huitième siècle, est de ce nombre. Sans doute son nom n'a pas brillé d'un vif éclat, mais j'ai pensé qu'en même temps qu'il représentait un intérêt local, il méritait de figurer dans l'ordre du jour de l'une de vos séances. Et puis, il faut bien le dire, les hommes vraiment illustres sont très rares, et nos plus grandes villes en comptent peu dans leur passé. Après avoir cité quelques noms glorieux, elles n'ont p'us à offrir que ce que j'appellerai la menue monnaie de la célébrité.

Jacques-Thomas Mague naquit à Compiègne le 13 janvier 1740 (1). Son père était contrôleur des aides, et, nous devons croire qu'appartenant ainsi à une famille honorable et bien placée, il fut à même de faire de bonnes études. Ses écrits semblent le prouver. On y remarque un sentiment littéraire très juste et certaines traditions classiques qui sentent le collége, et que plus tard on n'acquiert pas. Du reste, nous ne savons rien de certain à ce sujet, et nous n'avons retrouvé aucune trace de ses premières années dans les biographies que nous avons eues sous les yeux. Pourquoi se fit-il comédien ? Comment la vocation du théâtre lui vint-elle ? Nous l'ignorons aussi. Vocation malheureuse après tout ; car il était boiteux. Or, on peut se servir, au théâtre, comme moyen comique d'une infirmité feinte ; cela se voit tous les jours, et l'on ne pourrait compter le nombre de bègues, de bossus et de boiteux qui ont excité plus ou moins franchement le rire des spectateurs. Mais, si cette infirmité est vraie, c'est tout autre chose ; elle devient un obstacle, sinon une impossibilité. Mague en fit l'épreuve à ses dépens, et ne put jamais jouer que des rôles de grimes, de caricatures et de travestissements.

Il entra de bonne heure au théâtre, et prit a'ors le nom de Saint-Aubin, un nom de guerre. Il fit peu parler de lui jusqu'au jour de son début à

---

(1) Et non le 20 septembre 1746, comme il est dit dans plusieurs biographies.

— 3 —

l'Ambigu-Comique, en 1781, dans le *Parisien dépaysé, ou chaque oiseau trouve son nid beau*,
comédie-proverbe de sa composition où il jouait
sept rôles différents. Il obtint beaucoup de succès
dans cette pièce, et signa avec les directeurs de
l'Ambigu, Oudinot et Arnoult, un engagement de
4,000 livres. Cela valait bien dix mille francs d'aujourd'hui. Il donna à ce théâtre un certain nombre
de pièces, les *Tracasseries de village*, comédie en
un acte ; la *Lingère*, parodie de la *Belle Arsène*,
opéra en 3 actes, de Favart et Monsigny, qui eut
la vogue alors ; le *Cabinet de figures ou le Sculpteur sur bois*, comédie en un acte et en prose,
dont nous parlerons plus loin. La *Lingère* fut
jouée devant la Cour, au théâtre du bois de Bou-
logne.

En 1783, il quitta l'Ambigu, se fit directeur de
troupe en province, et fit représenter à Dijon les
*Fêtes dijonnaises ou l'apothéose des hommes illus-
trés nés en cette ville*, pièce en un acte et en vers,
mêlée de chants et de divertissement. L'auteur, sa
femme et sa fille remplissaient dans cette pièce les
rôles de *Bacchus*, de la *Gloire* et d'*Euterpe*, mais
nous ne savons pas quels étaient les autres personnages. Dijon pouvait en fournir beaucoup, puis-
que Saint-Bernard, Bossuet, Crébillon, Piron, Ra-
meau, Longepierre, Cazotte, et d'autres encore
plus ou moins célèbres y sont nés. Mague faisait-
il figurer Saint-Bernard dans les *Fêtes dijonnaises*,
c'est peu vraisemblable. Bossuet, peut-être ; mais
il n'avait eu garde, à coup sûr, d'oublier Piron,
qui était mort quelques années auparavant, en 1775,
fort à propos pour cette apothéose. Je le dis,
parce qu'il avait certaines allures d'esprit qui devaient lui faire aimer l'auteur de la *Métromanie*,
un chef-d'œuvre, mais l'auteur aussi, comme on le
sait, de poésies très licencieuses. Un des biographes
de Mague, M. H. Audiffret, remarque, en effet, que

dans ses pièces, la décence n'était pas toujours
respectée.

Nous retrouvons notre comédien auteur à Lyon
en 1784. Il y fait représenter la *Jeune Thalie*, in-
termède en vers, les *Fêtes d'Astrée*, ambigu-lyri-
que en trois intermèdes. Mais sa direction ne pros-
père pas et, forcé d'y renoncer, il rentre à l'Ambigu en 1785, dans le *Parisien dépaysé* où il re-
trouve un vif succès. Il fait jouer la *Maison à
garder*, un acte qui ne réussit pas. En 1787, pas-
sant de l'Ambigu aux Délassements-Comiques, il y
donne, le 31 juillet, *Bagare*, parodie de l'opéra de
Tarare, de Beaumarchais et Salieri ; puis, le 4 décembre, *Les Nuits champêtres* ou *Les Mariages
par dépit*, comédie en deux actes, qui passe pour
son meilleur ouvrage. Dans les années suivantes,
il fit représenter plusieurs pièces sur différents
théâtres, puis s'engagea, en 1790, au théâtre des
Associés, où il donna *Les Hochets*, opéra comique
en deux actes, et deux comédies, l'*Epreuve pater-
nelle* et *Les Lubies*.

Il faut croire que malgré de nombreuses produc-
tions qui faisaient de Mague un des auteurs les
plus féconds de ce temps, sa situation à Paris
était des plus précaires ; car, à cinquante ans
passés, il reprit la vie nomade et recommença ce
roman comique de Scarron, roman de la jeunesse
aventureuse et insouciante, mais qui, avec les années, devient une bien triste réalité. Nous le retrouvons, en 1798, à Nantes. Il y fait jouer le
Corsaire Nantais, comédie historique. A Rennes,
en 1802, il vend des livres, des manuscrits pour
payer ce qu'il doit. Enfin, avancé en âge et sous
le poids des infirmités, devenu impossible au
théâtre, il revient à Paris et se fait écrivain public, au coin des rues Traversière et Richelieu.
Ce pauvre Mague ne se doutait pas que sur l'em-
placement même de son échoppe se dresserait un
jour la statue de Molière qui, lui aussi, fut comé-

dien auteur. Mais quelle distance les sépare, et quel contraste entre cette misérable échoppe et le monument élevé à la gloire du plus grand poëte comique qui ait jamais existé !

Un mot, mais plus triste encore que tout ce qui précède, termine la biographie de Mague de Saint-Aubin. Il entra, le 16 décembre 1822, à l'hospice de la vieillesse (Bicêtre), et y mourut le 15 septembre 1824, âgé de soixante-dix-huit ans.

II.

Je ne voudrais pas abuser, messieurs, de votre bienveillante attention. Je désire pourtant vous parler de quelques-uns des ouvrages de Mague. Ils sont rares aujourd'hui, et j'ai pu en avoir trois seulement sous les yeux, grâce à l'obligeance d'un savant très aimable, M. Rathery, sous-directeur à la Bibliothèque nationale. Ce sont deux comédies, *Esope à la Foire* et *Le Cabinet de figures* ou *Le Sculpteur sur bois*, et un livre intéressant, bien fait, bien écrit, sur la réforme des théâtres. En voici le titre qui promet peut-être beaucoup :

La réforme des théâtres ou vues d'un amateur sur les moyens d'avoir toujours des acteurs à talents sur les théâtres de Paris et des grandes villes du royaume, et de prévenir les abus des troupes ambulantes, sans priver les petites villes de l'agrément du spectacle.
Ouvrage dédié au Théâtre-Français par M. M*** de Saint-Aubin.

(Qui è nuce nucleum eese vult, frangat nucem).

PLAUTE.

Paris, 1787.

Le livre commence par une épitre dédicatoire à Messieurs du Théâtre-Français, et contient, dans sa première partie, le tableau des abus commis en province par les comédiens. Mague se montre très sévère, trop peut-être ; mais il n'a pas tort, quand il dit avec un peu d'emphase, c'était assez le style du temps : « Si l'amour-propre règne sur tous les « hommes, on peut dire que le théâtre est son « temple. »

La seconde partie est remplie par l'exposé d'un plan de réforme. Je ne m'étendrai pas sur ce sujet qui vous intéresserait peu. Je dirai seulement que ce livre serait encore aujourd'hui très bon à consulter, pour réaliser de sérieuses améliorations. Il renferme aussi un certain nombre de pensées bien exprimées ; celle-ci, par exemple : « Les hon- « nêtes gens ne s'effrayent pas des lois ; ils les « respectent ; elles ne gênent que ceux qui veulent « s'y soustraire, et c'est justement pour cela qu'il « en faut. »

Je remarque dans ce livre, qu'avant 89, un manufacturier qui ne donnait pas à ses étoffes la qualité qu'elles devaient avoir, était réprimandé, et qu'on murait la boutique du marchand de vin qui falsifiait ses boissons. Voilà des choses qui ne se font plus. C'est peut-être dans la crainte d'avoir trop de murs remplaçant les boutiques. Ne trouvez-vous pas que cela serait très laid ?

Vers la fin de son livre, Magne en explique le but d'une manière fine et très sensée : « Quant on « ne peut faire le bien par soi-même, dit-il, c'est « remplir sa tâche que d'en faire naître l'idée. »

Enfin, dans le dernier chapitre, nous trouvons des détails curieux sur les théâtres de Paris à cette époque. Voici quelques citations qui ne nous ont pas semblé manquer d'intérêt : « Le goût du spec- « tacle est répandu partout ; ce genre d'amuse- « ment est devenu, pour ainsi dire, de nécessité. « Sans parler des théâtres royaux, quatre spec-

« tacles subalternes se soutiennent splendidement
« à Paris, et, quoiqu'ils payent à l'Opéra une rétri-
« bution de 24 ou 30,000 livres. quoiqu'ils don-
« nent aux pauvres le quart net de leurs recettes,
« quoiqu'ils aient plusieurs salles à entretenir, et
« que le prix de leurs places soit très modique et
« les appointements de leurs acteurs très chers,
« les directeurs y font encore leur fortune. »

« Paris ne contient pourtant, quoiqu'on en dise,
« pas plus de 800,000 âmes, et il y a encore des
« spectacles inférieurs ; et Paris est farci de théâtres
« bourgeois qui font tort aux théâtres réels, et une
« infinité de gens du peuple ne sait pas même ce
« que c'est que spectacle. »

Quelle différence avec aujourd'hui, et que je
plains peu cette infinité de gens qui vivaient dans
l'heureuse ignorance du drame en 5 actes et de la
féérie en 24 tableaux !

Par exemple, Magne a bien raison, quand il
s'indigne contre les troupes d'enfants : « Ce qui me
« répugne, dit-il, c'est l'inhumaine avarice de cer-
« tains parents qui sacrifient ce qu'ils ont de plus
« précieux et de plus cher à l'avide spéculation
« des directeurs qui font des troupes d'enfants. »

Le livre se termine par une approbation, après
lecture faite par ordre de Monseigneur le garde
des sceaux, en date du 14 mars 1787, et un privi-
lége du Roi donné à Versailles, le 17 janvier de
cette même année.

III

Je passe maintenant aux deux pièces qui, ainsi
que je l'ai dit, m'ont été communiquées, *Esope à
la Foire* et *Le Cabinet de figures*. Je regrette de

n'en faire qu'un rapide examen ; car elles me paraissent mériter plus, la première surtout.

Esope à la Foire est une comédie épisodique en un acte et en vers libres, représentée pour la première fois sur le théâtre des Variétés amusantes, le 30 juillet 1782. Je lis à la première page de la brochure : prix, 1 livre 4 sols, imprimée à Amsterdam. Se trouve à Paris, chez Cailleau, imprimeur-libraire, rue Saint-Séverin.

Personnages : Esope, un jeune enthousiaste, un bossu, un auteur satyrique, un paysan, une paysanne, une petite maîtresse, un petit maître, un abbé, un protecteur subalterne.

Vous voyez que ces personnages donnent parfaitement la couleur du temps. Nous sommes à la foire Saint-Germain, et à la première scène, l'enthousiaste s'écrie :

> Esope, le puis-je croire !
> O mon maître, ô grand homme, on vous montre à la Foire !

Mais non. Esope vient là pour son plaisir, pour observer, et passe en revue les différents personnages dont nous venons de parler, en adressant à chacun une très-jolie fable, pleine d'esprit et d'à-propos. La pièce est fort bien écrite, et les vers suivants ne vous déplairont pas :

> Que d'auteurs couronnés d'avance sur parole
> Éprouvent au théâtre un sort bien différent !
> Mille prôneurs la veille exaltaient leur talent :
> Pas un ami ne les console !

Dans la scène d'Esope et de l'auteur satyrique, celui-ci s'exprime avec une énergie qui s'élève à la comédie de caractère, et appartient à tous les temps comme vérité d'observation.

> .... Chacun à sa manière.
> La mienne est d'être en tout d'un sentiment contraire
> A l'admirateur hébété.
> Mécontant par système et mordant par gaité,
> Je fronde tout, le chant, la peinture, la rime ;
> Un peu de fiel, c'est un régime
> Très-nécessaire à ma santé.

Et quand plus loin l'auteur satyrique ajoute effrontément :

> Il faut bien que je vive !

Esope lui répond :

> Je crois
> Que la nécessité n'en est pas démontrée.

Ce trait est excellent. Est il bien de Mague ? Nous le connaissons sous une autre forme, en prose, avec un tour plus vif que la construction du vers ne comportait pas. Mais quel est le premier en date pour ce vigoureux élan de loyale indignation ? Si c'est Mague, il est grandement à son honneur.
Voici encore un vers très-heureux :

> Je fais la guerre aux mots, je tronque un peu, j'isole.

« J'isole » est parfait. Ces petits moyens, fort peu d'accord avec l'honnêteté, ne sont-ils pas tout à fait de mode aujourd'hui ?

Nous trouvons la couleur locale dans ces vers, de la petite maîtresse :

> Entendez-vous, Basque ! en sortant,
> Nous irons voir le bœuf géant.
> Informez-vous de sa demeure.

(A ceux qui l'accompagnent :)

> Ça n'est-il pas délicieux
> Cette foire ! on y voit dix spectacles par heure !

Vient ensuite le fat suranné :

> .... Persiffleur détestable !
> N'ayant un peu d'esppit qu'à table,
> Où son maître d'hôtel l'emporte encore sur lui.

Voilà certainement des vers de bonne comédie !

A la scène derniè e, Ésope adresse une fable au public : *Le Miroir d' la Vérité,*
Elle est très-bien faite et fini! ainsi :

> Cachez-le bien, messieurs, je tremble de m'y voir.

Cette petite comédie me fait penser que Mague de Saint-Aubin aurait pu aller plus loin dans la voie de l'art élevé. Mais sans cesse aux prises avec les exigences matérielles de la vie de tous les jours, il a dû travailler trop vite et se plier nécessairement au goût peu délicat d'un public de petit théâtre. C'est regrettable ; car il observait bien, et il lui était facile de joindre le mérite du style à la justesse de la pensée.

IV

La comédie intitulée le *Cabinet de figures*, ou le *Sculpteur sur bois* a moins de valeur qu'*Esope à la Foire*. Elle contient pourtant plusieurs situations comiques, dont on s'est servi plus d'une fois depuis. Elle commence par une scène entre le sculpteur sur bois qui s'appelle Duciseau, plaisanterie tout à fait démodée, et sa fille, ingénue de seize ans. La fille veut se marier. Le père lui propose alors un mari qu'il lui façonnera à sa guise, dont elle fera ce qu'elle voudra, un mari de bois enfin.

— Pourquoi pas de marbre ! répond la jeune fille peu satisfaite.

Le mot me paraît vif pour une ingénue de seize ans. Je passe divers incidents de la pièce, pour parler d'une scène plaisante et originale entre un directeur de théâtre et Duciseau. Le directeur, fatigué des exigences continuelles de ses pensionnaires, qui ont tous les défauts imaginables, songe à renouveler sa troupe avec des acteurs de bois. Ceux-là au moins seront sobres, obéissants, d'humeur égale, et, si leurs manières ont un peu de roideur, on n'en trouvera pas la moindre parcelle dans leur caractère

— Voulez-vous voir mon cabinet, dit le sculpteur ?

— Volontiers ; mais le prix ?

— Cent pistoles, et dame ! ce sera du nanan ! Vous aurez un grand gaillard bien fait, là, du *Venez-y* !

Que veulent dire ces mots : du *Venez-y* ? C'est probablement de la langue verte de ce temps-là. N'avons-nous pas aujourd'hui certaines locutions bizarres, pour ne pas dire plus, dont il sera un

jour fort difficile de retrouver le sens? La perte ne
serait pas grande. Pourtant je vois là, si je ne me
trompe, un grave sujet d'étude pour les philolo-
gues de l'avenir, qui auront peine à s'entendre, et
ne manqueront pas d'interpréter : *Je m'la brise!* de
sept ou huit façons différentes. Mais laissons parler
le sculpteur :

— Vous aurez aussi un valet. Il n'aura pas de
prix. J'aime mieux vous le donner, que de vous en
demander une somme exorbitante.

— Qu'aura t-il donc de si précieux ?

— Le masque de Préville.

— Ah ! vous avez raison !

Voilà un hommage ingénieusement rendu au plus
grand comédien qui ait jamais paru sur la scène
française. Mais ce n'est pas fini, et la scène conti-
nue avec beaucoup de verve et d'esprit.

— Ah! j'oubliais, dit le directeur ; il me faudrait
aussi un acteur ni trop grand, ni trop gros ; là,
entre les deux : un air de bonhomme, un confi-
dent.

— Oh! répond Duciseau, on ne compte pas ça !
nous le trouverons dans les copeaux.

La pièce se termine, bien entendu, comme tou-
tes les pièces passées, présentes et futures, par le
mariage de Mlle Julie avec M. Charles, son amou-
reux

Il y a beaucoup d'autres comédies de Mague de
Saint-Aubin, outre celles que je viens de citer (1).

---

(1) Voici les titres de plusieurs pièces de Mague de
Saint-Aubin, qui ont été imprimées : *Jérôme pointu,
Jeannette,* ou les *Battus ne payent pas toujours l'a-
mende, l'Amour quêteur, l'Hymen* ou le *Dieo jaune* (la
plaisanterie est vieille), *Vénus pélerine. les Quatre coins,
la Rose et le Bouton.* Quérard, dans la *France littéraire,*
dit qu'il a eu sous les yeux, chez un amateur de théâtre,
six pièces manuscrites de Mague de Saint Aubin.

Il a été pendant plusieurs années le fournisseur le plus fécond de trois ou quatre petits théâtres de Paris, et je termine, messieurs, par cette simple réflexion : Si la Société des auteurs dramatiques avait existé alors, à peu près organisée comme elle l'est aujourd'hui, Mague de Saint-Aubin, au lieu de finir misérablement sa vie dans un hospice, aurait sans nul doute acquis une grande aisance, et peut-être même une importante fortune. Il eut le tort de naître un demi-siècle trop tôt.

Janvier 1875.

COMPIÈGNE. IMPRIMERIE FERD. VALLIEZ